Flupp

Text: Jan Kaiser | Illustrationen: Jasmin Schäfer

FLUPP machte es!
Und schon lag der kleine Pinselohrkäfer
auf dem Rücken.
Er hieß Flupp, weil er häufig auf den
Rückenpanzer fluppte. So wie jetzt.
»Hilfe!«, rief Flupp. Und: »Käferpanne!«

Ein Breitmaulwurf steckte seinen Kopf
aus der Erde und guckte, ob einer guckt.
»Was soll dieser Käferkrawall?«, fragte er.
»Grüezi!«, sagte Flupp. »Kannst du mich
bitte umdrehen?«

»Umdrehen?«, fragte der Breitmaulwurf.
»Ich soll mich umdrehen? Meinetwegen …«
Und schon machte er kehrt und wühlte sich
zurück in seinen Bautunnel.
　　Flupp wusste gar nicht, dass
　　Breitmaulwürfe nicht nur
　　schlecht sehen, sondern
　　auch schlecht hören können.

»Hiilfee!«, rief Flupp, nun etwas lauter.
Und: »Käferkrise!«
Eine Streifenmaus kam des Wegs.
»Was haben wir denn hier?«, fragte sie.
»Eine Käferentgleisung?«
»Moinmoin!«, sagte Flupp. »Kannst du mich
bitte umdrehen?«
»Habe die Ehre!«, erwiderte die Streifenmaus
und drehte Flupp um.

Doch als Flupp merkte,
dass es die falsche Art
Umdrehen gewesen war, da
hatte sich die Streifenmaus
schon in die Ferne entfernt.

»Hiiilfeee!«, rief Flupp noch lauter.
Und: »Käfernotfall!«
Eine Überschallschnecke flitzte vorbei
und bremste scharf ab. »Schau an. Wenn das
kein Käferkuddelmuddel ist!«, schnaufte sie.
»Ahoi!«, sagte Flupp. »Kannst du mich
bitte umdrehen?«

»Kein Problem, geht ja fix«,
antwortete die schnelle Schnecke
und drehte Flupp wieder auf die Beine.
Zack!

Doch als die Überschallschnecke
ohne ein weiteres Wort den Turbo wieder anwarf
und davondüste, wirbelte sie Flupp glatt
über den Haufen.
FLUPP! Und er lag wieder auf dem Rücken.
Herzlichen Dank!

»Hiiiilfeeee!«, rief Flupp,
nun geradezu verzweifelt.
Und: »Käferkatastrophe!«
Doch keiner kam mehr,
um ihm zu helfen.

Oder doch …?

FLUPP!

Jan Kaiser ist von Hause aus Jurist. Aus Spaß an der Freude schreibt er Gedichte und Geschichten für Kinder, die in verschiedenen Verlagen erscheinen und im Radio zu hören sind. Er lebt mit seiner Familie im Breisgau. www.jan-kaiser.info

Jasmin Schäfer illustriert Kinderbücher und schreibt manche selbst. Am liebsten zeichnet sie Tiere und Pflanzen. Der Schutz der Natur ist ihr ein wichtiges Anliegen. Besonders angetan hat es ihr der Mikrokosmos der Insekten. www.jasmin-schaefer-illustration.de

Der Kurvenschleicher

Text: Hans-Peter Tiemann | Illustrationen: Ulf K.

Ich bin sofort dabei, wenn wir unseren geliebten Kurvenschleicher starten, das aufregendste Auto weit und breit, mit dem es uns nie langweilig wird. Vor ein paar Wochen sprang der alte Wagen wieder einmal nicht an. Gerasselt und gestöhnt hat er wie ein kranker Esel. Das passierte, als Mama mich zum Handballtraining fahren wollte.

Ich hockte schon hinten, da fiel mir ein, dass ich
meine Sportsachen vergessen hatte. Ich sprang
aus dem Wagen, holte meine Tasche, drehte
eine Runde um den Kurvenschleicher, klopfte ihm
aufmunternd auf den Kotflügel und – stellt euch vor:
Plötzlich ließ sich der Wagen butterweich starten,
und sein Motor schnurrte wie ein Kätzchen.

Ein paar Tage später klemmte der Rückwärtsgang,
und wir kamen nicht aus der Einfahrt heraus.
Papa meinte trotzig: »Entweder, ich trommle ein paar
Nachbarn zusammen und wir heben dieses Karussellauto
auf die Straße oder wir gehen heute mal zu Fuß.«

In dem Moment ließ Opa Knut einen Papierflieger
oben aus dem Fenster segeln. Als die Schwalbe auf
dem Autodach landete, machte es »knacks«, und Papa
hatte den Rückwärtsgang plötzlich drin.
Opa Knut hat inzwischen einen Stapel Papierschwalben
auf Vorrat gefaltet, sodass er sich gleich am Fenster-
flugplatz blicken lässt und die Flieger oben startet, damit
unten alles rund läuft.

Nur dumm, dass später auch die Hupe verrücktspielte.
Immer wenn uns eine Ampel mit Rot begrüßte, wollte
sie der Kurvenschleicher grün tuten und veranstaltete ein
heftiges Hupkonzert.
Zufällig hatten wir Rasmus im Wagen. Der singt bei
»Haste Töne« im Kinderchor, trällerte plötzlich los, und als
wir »Auf der Mauer, auf der Lauer« anstimmten, beendete
der Wagen seine peinliche Huperei, und Papa flüsterte:
»Na bitte, jetzt ist er still, weil er uns zuhört.
Singt weiter, Kinder!«

Eine Zeit lang hat alles prima funktioniert: Erst
mein Kotflügel-Kompliment, dann Opas Flieger,
später die kleine Wanze ...

Aber seit ein paar Tagen schwächelt der Schleicher
wieder, und Mama meint: »Wir sollten dem Wagen
eine Kurvenschleicher-Auszeit in einer Parklücke
gönnen.«
Papa ist begeistert. »Ich bin dabei, wozu haben
wir Fahrräder!«
Klara jubelt schon im Lastenrad, als plötzlich
hinten das Rücklicht blinkt, vorn die Klingel rappelt
und unten die Luft aus allen drei Reifen zischt.

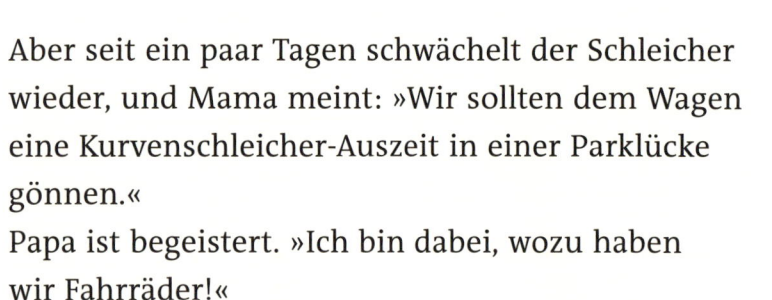

»Kompletter Lastenradplattfuß!«, jammert Papa, schnappt sich die Luftpumpe und will gerade loslegen. Da habe ich eine Idee, ich rufe Opa.

Opa Knut kommt ans Fenster und weiß, was zu tun ist:
Sofort startet er eine seiner besten Papierschwalben.
Die jagt steil in den Sommerhimmel, fliegt eine weite
Kurve über unsere Köpfe und landet in Klaras Armen.

Nun schweigt die Klingel, kein Blinken mehr,
die Luft zischt zurück in die Reifen, und wir
fahren bestens gelaunt davon.

Hans-Peter Tiemann lebt in Bünde bei Bielefeld. Wenn er nicht gerade segelt, baut er Kindern mit seinen Gedichten Räuberleitern in die Fantasie und sorgt mit Hörspielen im Rundfunk, Kindertheater auf der Bühne und Geschichten zwischen Buchdeckeln für knisternde Spannung, Tiefgang und frischen Wind.

Ulf K. Jahrgang 1969, verbrachte seine Kindheit im Herzen des Ruhrgebiets und im Schatten der Hochöfen. Er studierte Kommunikationsdesign in Essen, ging nach Paris, bekam aber bald Heimweh nach den Hochöfen. Ulf K. ist Illustrator von Kinderbüchern und Comic-Zeichner, 2004 wurde er als bester deutschsprachiger Comiczeichner mit dem Max-und-Moritz-Preis ausgezeichnet.

von Ulf K.

DREi MAL EiNS

Straße!

Welche drei zusammengesetzten Wörter verbergen sich hier?
Die Auflösung findest du auf Seite 50.

Schnelke

Text: Kristina Dunker | Illustrationen: Isabel Große Holtforth

S chnelke war nicht die Schönste. Sie besaß nichts, womit sie sich schmücken konnte. Die Schnirkels balancierten hübsche Häuschen auf dem Rücken, die aussahen wie kleine Sonnen, und die von Weinbergs trugen prächtige braune, deren Maserung an feines Holz erinnerte. Stolz glitten die Schnecken an Schnelke vorbei, wenn sie Schutz vor der Hitze in Kellerlöchern suchte oder unter Blumentöpfen schlief.

Schnelke hätte auch gern ein Häuschen gehabt.
Ein Häuschen, dachte sie, das wär' mein Glück.

Bis zum Tag des Unwetters. Da änderte sich alles.
Die Sonne schien noch, als die ersten dicken Tropfen in die
trockene Erde einschlugen. Noch begrüßten die Schnecken
den Regen und rutschten begierig in die Blumenbeete, die
von Weinbergs wie immer vornweg. Aus dem Schauer wurde
Starkregen. Schnelke überkroch gerade den Gartenzwerg,
als der Bach über die Ufer trat. Das Wasser flutete die
Wiese, riss dem Zwerg die Beine weg, hob ihn hoch und
schwemmte ihn fort. Entsetzt klammerte sich Schnelke
an seinen Bart, während der Garten um sie herum
in den Fluten verschwand.

Ihre wilde Fahrt endete, als der Zwerg gegen das
Menschenhaus prallte. Hätte ich ein Häuschen, dachte
Schnelke, wäre es jetzt kaputt.
Sie rettete sich zum Küchenfenster hinauf, reckte
ihre Fühler. Das Fenster stand einen Spalt offen.
Schnell hindurchgeschlängelt! Drinnen wuchs ja
Basilikum! Schnelke liebte Basilikum.

Als ein Mensch in die Küche stürmte, verkroch sie sich
im schmalen Tunnel der Teekanne. Mit Häuschen,
dachte sie, hätte ich nicht hineingepasst.
Erst in der Nacht wagte sie sich aus ihrem Versteck.
Der Topf mit dem Basilikum war verschwunden, das
Fenster zu. Sie musste einen anderen Weg zurück in
den Garten finden.

Im Slalom schlich sie durch einen Wald von Flaschen,
überquerte den Stamm des Nudelholzes, folgte den Ranken
des Stromkabels, vermied das scharf gezackte Rad der
Brotmaschine, spähte in die schwarzen
Schluchten des Toasters und erkletterte
die Klippen des Messerblocks.
Im Menschenhaus, dachte sie,
hat die ganze Welt Platz –
doch ich sterbe vor Hunger.

Nach der Durchquerung der kargen Ebene des Hausflurs
erreichte sie das Bad. Sie glitt über die glatte Fläche des
Spiegels – wie über einen See –, folgte den Ranken des
Duschschlauchs und sank schließlich in die sumpfige
Fläche des Waschlappens.

Am Ende ihrer Kräfte erblickte sie, aufgereiht auf dem Badewannenrand, die herrschaftlichen Häuschen der Verwandten aus dem Meer. Wahre Paläste – die schon lange niemand mehr bewohnte.
Sie schlüpfte ins schönste Haus hinein und sank in tiefe Träume.

»Mama, ich will die Schneckenhäuschen an die große
Pfütze im Garten legen. Ich spiele: Urlaub am Meer.«
Schnelke konnte kaum glauben, was geschah:
Hab ich ein Glück!

Als sie später die Fühler ins Freie schob, sangen die Vögel.
Der Regen hatte aufgehört. Ihr rotes Kleid lag perfekt
auf der Haut und leuchtete im Abendlicht. Sie ließ
den Saum schwingen. Wie schön sie war! Wie lebendig
und frei! Kommt her, ihr Schnirkels, lasst uns tanzen!

Am liebsten auf einem Salatblatt!

Kristina Dunker, Jahrgang 1973, studierte Kunstgeschichte und Archäologie in Bochum und Pisa, M.A. Sie lebt als freie Kinder- und Jugendbuchautorin in Castrop-Rauxel. In ihrem Garten wohnen außer Schnelke eine zutrauliche Rabenkrähe, ein Schwarm Teichfische und ein quakender Frosch.www.kristina-dunker.de

Isabel Große Holtforth lebt und arbeitet als freiberufliche Illustratorin und Grafikerin mit ihrer Familie bei München. Sie studierte an der Hochschule für Künste Bremen und an der Hochschule für Angewandte Künste in Prag. Sie illustriert Kinder- und Jugendliteratur sowie Belletristik, wofür sie bereits ausgezeichnet wurde. www.isabelgrosseholtforth.de

Li-La-bor

Versuche für kluge Köpfe. Von der Stiftung Kinder forschen.

Der Schwebe-Trick

Illu: Isabel Große Holtforth

Toll, wenn man sich gleitend über Land bewegen kann!
Luftkissenfahrzeuge bewegen sich zum Beispiel
mühelos über die Erde. Mit welchem Trick das
funktioniert, kannst du ganz einfach nachbauen.

Zum Versuch hier lang!

eine alte CD

eine Verschlusskappe
mit Ventil (z.B. von einer
Spülmittelflasche oder
Sportgetränken)

Heißklebepistole
(oder Knete)

Lufballon

Ballonpumpe

Beutelclip

Losforschen:

1

Lege die CD mit der
bedruckten Seite nach unten
auf einen Tisch. Befesti-
ge die Verschlusskappe mit
Heißkleber oder Knete mittig
über dem Loch. Die Klebung
muss dabei luftdicht schlie-
ßen, aber das Loch darf
nicht verschlossen werden!
Kleber trocknen lassen.

2

Befülle den Ballon mit
Luft. Wenn du keine
Luftballonpumpe hast,
kannst du ihn auch mit
dem Mund aufpusten.

3

Ziehe die Öffnung des
aufgeblasenen Ballons
über die Verschluss-
kappe. Achte darauf,
dass die Kappe zu-
nächst verschlossen
bleibt.

Tipp: verschließe den Ballon
zum Aufziehen auf die Kappe
vorläufig mit einem Beutelclip
– so geht es leichter.

4

Fotos: Anke Ebel

FORSCHERTIPP:
Schiebe die CD über den
Tisch. Wie gut gleitet sie?
Geht es mit dem Lufkissen–
gleiter leichter oder schwerer?
Woran könnte das liegen?

Lege deinen Luftkissengleiter auf eine glatte Tischplatte und öffne das Ventil.
Wenn du ihm jetzt einen kleinen Schubs gibst, schwebt er los.

Was passiert da?

Die Luft aus dem Ballon strömt durch die Verschlusskappe gleichmäßig unter die CD. Dadurch wird diese von allen Seiten angehoben und bildet eine Art Luftkissen. Dieses Luftkissen verringert die Reibung zwischen Tisch und CD und lässt sie über die Oberfläche gleiten.
Der Luftballon ist wie ein kleiner Tank. Wenn du ihn aufbläst, speichert er Energie. Diese Energie wird in Form von Druck in der Luft im Ballon gespeichert.

Wenn du das Ventil öffnest, gibt der Ballon diese Energie frei und verwandelt sie in Bewegungsenergie.

Online-Spiele von der **Stiftung Kinder forschen** findest du auf www.meine-forscherwelt.de.
Für Eltern: Die gemeinnützige Stiftung Kinder forschen engagiert sich für gute frühe Bildung in den Bereichen Mathematik, Informatik, Naturwissenschaften und Technik (MINT) und nachhaltiges Handeln. www.stiftung-kinder-forschen.de

Text und Illustration: Bettina Bexte

Nur einer der drei Vorschläge ist richtig. Welcher?

Die Auflösung findest du auf Seite 50.

41

SCHROTT ZOO

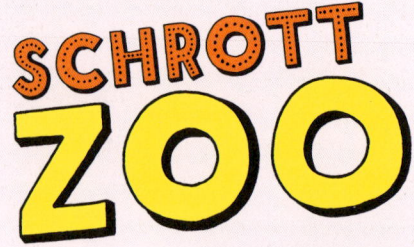

DAS PLASTIKBAND

DIE PRALINEN-
VERPACKUNG

DER SHAMPOO-
VERSCHLUSS

DIE KETCHUP-
FLASCHE

DER DEOROLLER

VIELE KLO- UND
KÜCHENROLLEN

Modelle und Foto: Annika Øyrabø

NA SO WAS! DRÜBEN AUF DER
WIESE HAST SICH ZWISCHEN
DEM LÖWENZAHN EINE SCHLANGE
ZUSAMMENGERINGELT!

ENTDECKST DU DIE DINGE,
AUS DENEN DIE SCHLANGE
GEBAUT WURDE?
BAU DIR SELBER EINE SCHLANGE,
AUS SACHEN, DIE DU ZU HAUSE
FINDEST!

MACH MAL
O WIE ordnen

Das ABC der Tunwörter

von Ina Hattenhauer

sorgfältig
ordnen

alphabetisch
ordnen

nach Größe
ordnen

Mach mit! Kennst du noch mehr Tunwörter, die mit o anfangen?

Gedanken
ordnen

nach Farben
ordnen

Text und Illustration: Mascha Greune

Horst und Helga gibt es nur im Doppelpack. Sie sind beste Freunde! Auch wenn sie ständig aneinander vorbeireden. Denn auch Worte gibt es oft im Doppelpack: ein Wort, zwei Bedeutungen. Welches Wort ist es diesmal?

wilder schneckentanz

erst wackeln ganz langsam
die fühler
im takt
dann wippt etwas der fuß
und am ende
wackelt das ganze haus

Dieses Gedicht stammt aus dem
Gedichtband »dieser tag ist mein freund«
von Arne Rautenberg mit Illustrationen
von Nadia Budde (Peter Hammer Verlag)

Gecko kommt gern zu dir nach Haus!

Gecko lesen macht im Abo am meisten Spaß. Alle 2 Monate landet die neueste Ausgabe in deinem Briefkasten. Einfach die Postkarte ausfüllen, ausschneiden, abschicken und sich drauf freuen!

Gecko abonnieren

○ **Ja, ich bestelle ein Gecko-Jahresabonnement** zum Preis von € 45,00 für 6 Ausgaben pro Jahr. Den Bezug kann ich jederzeit beenden.

○ **Ja, ich möchte ein 3-Hefte-Schnupperabo** für insgesamt € 22,50. Bestelle ich Gecko zwei Wochen nach Erhalt des dritten Heftes nicht ab, beziehe ich Gecko weiter zum Abo-Preis von € 45,00 für 6 Ausgaben pro Jahr. Den Bezug kann ich jederzeit beenden.

○ **Ja, ich möchte ein Gecko-Abonnement verschenken.** Der oder die Beschenkte erhält Gecko 6x zum Abo-Preis von € 45,00. Nach sechs Ausgaben endet der Bezug des Geschenkabos automatisch. Bitte vermerken Sie die Lieferadresse auf der Rückseite dieser Karte.

○ **Ja, ich möchte ein Mini-Geschenkabo.** Der oder die Beschenkte erhält Gecko 3x zum Abo-Preis von € 22,50. Nach drei Ausgaben endet der Bezug des Geschenkabos automatisch. Bitte vermerken Sie die Lieferadresse auf der Rückseite dieser Karte.

Alle Preise beinhalten MwSt. und Versand.

Sie möchten Gecko ins Ausland bestellen oder haben Fragen? Den Gecko-Leserservice erreichen Sie unter:
Telefon +49 (0) 89-85 85 35 32
E-Mail: abo@gecko-kinderzeitschrift.de

○ **Ich zahle gegen Rechnung** (bitte Rechnung abwarten)

○ **Ich zahle bequem per SEPA-Lastschrift:** Rathje & Elbel GbR, München, Gläubiger-Identifikationsnummer: DE59ZZZ00001113146
SEPA-Lastschriftmandat: Ich ermächtige Rathje & Elbel GbR, Zahlungen von meinem Konto mittels Lastschrift einzuziehen. Zugleich weise ich mein Kreditinstitut an, die von Rathje & Elbel GbR auf mein Konto gezogenen Lastschriften einzulösen. Hinweis: Ich kann innerhalb von acht Wochen, beginnend mit dem Belastungsdatum, die Erstattung des belasteten Betrages verlangen. Es gelten dabei die mit meinem Kreditinstitut vereinbarten Bedingungen.

_____
Kontoinhaber

_____
IBAN

_____
Name des Kreditinstituts / BIC

_____
Ort, Datum, Unterschrift

Diese Bestellung kann ich innerhalb von 10 Tagen schriftlich (per Post oder E-Mail) widerrufen. Zur Fristeinhaltung genügt die Absendung des Widerrufs innerhalb der 10 Tage (Poststempel bzw E-Mail-Versand). Diese Angebote gelten nur in Deutschland und Österreich. Weitere Auslandspreise erhalten Sie auf Anfrage bei unserem Leserservice: Telefon +49 (0)89-85 85 35 32, E-Mail: abo@gecko-kinderzeitschrift.de Rathje & Elbel GbR, Camerloherstraße 40, 80686 München. **Unsere Datenschutzerklärung finden Sie unter www.gecko-kinderzeitschrift.de/datenschutz/**

Ich habe Gecko kennengelernt über:

○ Buchhandlung   ○ Presse   ○ Internet   ○ _____
○ Arztpraxis   ○ Freunde   ○ Kindergarten   ○ Bibliothek

Gecko weiterempfehlen

✗ Der neue Abonnent

○ **Ja, ich bestelle ein Gecko-Jahresabonnement** zum Preis von € 45,00 für 6 Ausgaben pro Jahr. Den Bezug kann ich nach Erhalt der sechsten Ausgabe jederzeit beenden.

○ **Ja, ich verschenke ein Gecko-Abonnement** zum Preis von € 45,00. Nach sechs Ausgaben endet der Bezug des Geschenk-Abonnements automatisch.

✗ Der Empfänger des Posters:

○ **Ich habe einen neuen Gecko-Abonnenten geworben** und erhalte das ABC-Poster.

_____
Name, Vorname des Werbers

_____
Straße, Hausnummer

_____
PLZ, Ort

_____
Telefon   E-Mail-Adresse

_____
Name, Vorname des Kindes   Geburtsdatum

_____
Name, Vorname des Bestellers

_____
Straße, Hausnummer

_____
PLZ, Ort   Land

_____
E-Mail-Adresse   Telefon

Versandadresse bei Geschenkabos:

_____
Name, Vorname des Beschenkten   Geburtsdatum

_____
Straße, Hausnummer

_____
PLZ, Ort   Land

Das Abo beginnt mit der jeweils aktuellen Ausgabe. Der neue Abonnent und der Empfänger des Posters dürfen nicht identisch sein. Die Zusendung des Posters erfolgt nach Eingang der Zahlung des neuen Abonnenten. Sie müssen nicht selbst Abonnent sein, um einen neuen Abonnenten zu empfehlen. Dieses Angebot gilt nur, solange der Vorrat reicht. Auslandsangebote auf Anfrage.

Ist die Postkarte schon weg?

Macht nichts, denn das Gecko-Jahresabo, das Geschenkabo, das Schnupperabo und das Prämienabo bekommst du auch im Gecko-Onlineshop (www.gecko-kinderzeitschrift.de/shop) und beim Gecko-Leserservice: Telefon +49 (0) 89-85 85 35 32, Telefax +49 (0) 89-85 85 36 25 32, E-Mail: abo@gecko-kinderzeitschrift.de

Bitte ausfüllen:

Name, Vorname des Kindes   Geburtsdatum

Name, Vorname des Bestellers

Straße, Hausnummer

PLZ, Ort   Land

E-Mail-Adresse   Telefon

Versandadresse bei Geschenkabos:

Name, Vorname des Beschenkten   Geburtsdatum

Straße, Hausnummer

PLZ, Ort   Land

Bitte
ausreichend
frankieren

Antwort

Cover Service GmbH & Co. KG
Aboservice Gecko Kinderzeitschrift
Bajuwarenring 14
82041 Oberhaching

Bitte ausfüllen (neuer Abonnent):

○ **Ich zahle gegen Rechnung (bitte Rechnung abwarten)**

○ **Ich zahle bequem per SEPA-Lastschrift:** Rathje & Elbel GbR, München, Gläubiger-Identifikationsnummer: DE59ZZZ00001113146.
SEPA-Lastschriftmandat: Ich ermächtige Rathje & Elbel GbR, Zahlungen von meinem Konto mittels Lastschrift einzuziehen. Zugleich weise ich mein Kreditinstitut an, die von Rathje & Elbel GbR auf mein Konto gezogenen Lastschriften einzulösen. Hinweis: Ich kann innerhalb von acht Wochen, beginnend mit dem Belastungsdatum, die Erstattung des belasteten Betrages verlangen. Es gelten dabei die mit meinem Kreditinstitut vereinbarten Bedingungen.

Kontoinhaber

IBAN

Name des Kreditinstituts / BIC

Ort, Datum, Unterschrift

Diese Bestellung kann ich innerhalb von 10 Tagen schriftlich (per Post oder E-Mail) widerrufen. Zur Fristeinhaltung genügt die Absendung des Widerrufs innerhalb der 10 Tage (Poststempel bzw. E-Mail-Versand). Diese Angebote gelten nur in Deutschland und Österreich. Weitere Auslandspreise erhalten Sie auf Anfrage bei unserem Leserservice, Telefon +49 (0)89-85 85 35 32, E-Mail: abo@gecko-kinderzeitschrift.de Rathje & Elbel GbR, Camerloherstraße 40, 80686 München.
Unsere Datenschutzerklärung finden Sie unter www.gecko-kinderzeitschrift.de/datenschutz/

Bitte
ausreichend
frankieren

Antwort

Cover Service GmbH & Co. KG
Aboservice Gecko Kinderzeitschrift
Bajuwarenring 14
82041 Oberhaching

Auflösung von Seite 24: Milchstraße; Straßenmusikantin; Straßenlaterne.

Schnecken checken! In dieser Ausgabe stecken 45 Schnecken.

Auflösung von Seite 41: Mufflon: Wildschaf, Koala: schläfriges Beuteltier; Egel: Wurmart; Zecke: blutsaugendes Spinnentier; Radar: Tempomessgerät.